Anonymous

Das Erbrecht im Gewohnheitsrecht von Giessen, Wetzlar, Butzbach und Breidenbach

Anonymous

Das Erbrecht im Gewohnheitsrecht von Giessen, Wetzlar, Butzbach und Breidenbach

ISBN/EAN: 9783743373907

Hergestellt in Europa, USA, Kanada, Australien, Japan

Cover: Foto ©Suzi / pixelio.de

Manufactured and distributed by brebook publishing software (www.brebook.com)

Anonymous

Das Erbrecht im Gewohnheitsrecht von Giessen, Wetzlar, Butzbach und Breidenbach

No. I.

Gießer Stadt-Brauch

durch die Schöffen componirt

anno 1573.

Nachdem der Durchleuchtige Hochgebohrne Fürst und Herr Ludwig Landgraf zu Hessen Graf zu Catzenelnbogen, 2c. Unser gnädiger Fürst und Herr / etliche Fragstück über und in etlichen unterschiedlichen Erbfällen schrifftlichen hieher gen Giessen überschicken lassen / mit gnädigem Begehren zu berichten, wie es darum nach gemeinem Stadt-Brauch biß dahero sey gehalten worden.

Als haben Wir Bürgermeister und Schöffen zu Giessen Ihrer Fürstl. Gnaden Schreiben mit demselben über zu berichten zugestellet / mit unterthäniger gebühriger Reverentz gelesen / repetirt unsers besten Fleiß nach einander erwogen.

Und geben demnach vor Uns diesen folgenden und unterthänigen Bericht / wie die in Ordnungen nach-

nacheinander gesetzt/ nemlich dermassen wie den Stadt-Brauch von Unsern Vor-Eltern entfangen/ auch bey Uns selbsten in billicher Würcklichkeit gehalten worden/ und der Bürgerschafft hier zu Giessen meistlichen selbst bewust ist.

Erstlich auf die erste Question.

Quaestio Ima.

Wann Mann und Weib ohne Geding zusammen kommen / Leib an Leib / Gut an Gut / und dann eines ohne Verlassung Leibs-Erben abstirbt ꝛc. In diesem Fall ist es über Menschen Gedencken biß anhero und noch allhier zu Giessen gehalten worden/daß wenn also nur allein solcherley Haab/ so fahrend oder Baarschafft vorhanden/ so nimmt das letztlebende dieselbe gar allein hinweg / und ist nicht schuldig/davon jemand etwas zu erstatten weder gegenwärtig noch zukünfftig.

So sie aber in diesem Fall unbewegliche Güter zusammen gebracht/ und dieselbe nach absterben des einen Ehegemahls noch vorhanden/ unveräussert/ und unverkaufft seyn/ so behält das letztlebende auf denselben seines abgestorbenen Ehegemahls zugebrachten Erbgütern den usumfructum sein lebenlang/ doch darf es nicht etwas davon veräusern/ versetzen/ noch beschwehren/ denn damit entsetzte es sich der Leibzucht; Aber nach geendigtem usufructu sollen dieselbe Güther wieder zurück fallen auf des erst-abgestorbenen Freundschafft/

schafft / welche tempore mortis die nechste sind. Gleicher Gestalt und ebener massen wird es gehalten / wann eines dem andern gewisse und gewürdigte Ehesteur und Güther * zubringt / daß alsdann in diesem Fall der superstes oder letztlebende die Mobilia vor sich allein gar behalte / und auf denen immobilibus den usumfructum, welche da der usus fructus geendet / wieder zurück und daher sie rühren / hinfallen.

So auch einer also für = und in währender Ehe etwas an unbeweglichen Gütern ererbet / und ihm auferstirbet / solches fällt auch wiederum zurück / wann das letztlebende den usum fructum geendet und keine Descendenten da seyn.

Was aber in diesem Fall währender Ehe durch GOttes Segen in unbeweglichen und Erbgütern erkobert und errungen wird / solches folget der fahrenden Haab und Baarschafft / und fället nicht zurück / sondern bleibt dem letztlebenden zum eigenen Gut. **

Pfand = Güther werden zu Giessen vor unbewegliche Güter geachtet / die folgen in allen Fällen / der Baarschafft und fahrenden Haab.

Und solches alles wann keine Eheberedung oder Bedeutungen vorhanden / dann wo solche in Schriften aufgerichtet / und glaubwürdig erfunden / so folget man

* Aliud Exemplum: Gewisse Ehesteuer, an gewürdigten oder ungewürdigten Gütern rc.

** Aliud addit: Wann keine Erben vorhanden.

man den Buchstaben der Fall geschehe wie er wolle / sondern so der Fall absque liberis & ab intestato geschicht / wird es erzehlter maassen gehalten.

Aus welchem allen wohl zu vernehmen / daß hier zu Giessen hinterfällige unbewegliche Güter geachtet werden / als Hauß / Hoff / nicht allein was eingeklaubt und angenagelt ist / item Aecker / Wiessen / Gärten mit Bäumen und darin eingepflantzten / darzu alle Erbzinß / doch nach vorerzehlten Conditionen / und der Fälle Gelegenheit.

Hinwiederum alle wiederkäuffliche Pfande / it. alle Jahr-Zinß / * Güter / baar Geld / Hauß-Geraith / Pferde / Küh und ander Vieh / sammt allem was beweglich geachtet werden kan / hält man zu Giessen vor fahrende Haab und Baarschafft und darinn gehörig / und wird mit Pfandt-Güthern / und ablößigen Zinsen nicht anders gehalten / als mit anderer fahrender Haab Nahrung und Baarschafft.

Quæst. 2.

Auf die zweyte Quæstion zu berichten hat es diese Gestalt / und wird es zu Giessen also gehalten / wann zwey Ehegemächte so ohn geding zusammen kommen / Kinder in währender Ehe erziehlen / und darinnen ein Ehegemahl von dem andern stirbt / und versammter Hand Kinder verläst 2c so fallen und sterben denselbigen Kindern zu / alle von beyden Eltern zusammen

 brachte

* Aliud: ablößige Zinß.

brachte auch ererbte und erkoberte unbewegliche Güter / daß also das letztlebende nichts behält / denn allein die bewegliche Güter / doch behält es auch auf allen unbeweglichen Gütern den usum fructum sein lebenlaug / und mag sich auf denselben usum fructum als auf die Baarschafft anderwerts in die zweyte dritte Ehe begeben und verheurathen / doch daß zuvor der vorigen Ehe Kinder bevormundet seyn / in diesem Fall stehet es dem letztlebenden frey seiner vorigen Ehe Kinder mit den Erbgütern darauff es beleibzüchtiget seines gefallens auszusteuern ; also wird es auch gehalten in der zweyten oder dritten Ehe so Kinder darinnen erziehlet worden / so aber keine Kinder vorhanden / alsdann wird es gehalten wie oben bey der ersten Quæstion berichtet. a)

Was dann ein Mensch im Wittwenstande erobert / erkobert / ererbet / oder ihm zufällt / so dasselbe sich nicht wieder in Ehestand begibt und ob es schon vorhero dreyerley Kinder hätte / so fallen doch solche Güter allein auf seine letzte Ehestands-Kinder.

Da aber eine Wittwe oder Wittwer / sich in fernere Ehe begebete / und darinnen auch Kinder erziehlte / so folgen denselben Kindern die im Wittwenstand erworbene / erkobert und angefallene oder ererbte Güter / und die bewegliche Güter behält allezeit das letztlebende. *Quæst. 3.*

Wann eine Eheberedung oder letzter wille aufgerichtet oder vorhanden seynd / so wird dem Buchstaben nach / wie oben stehet gefolget / so ferne nicht Ubermasse gebraucht ist. *Quæst. 4.*

a) Add. Dn. ESTOR de Iure devolutionis per tot.

Quæst. 4.

Die Einkindschafft belangend / wie wohl sich solche Fälle / bey uns wenig zutragen / sonderlich in Recht darüber zu urtheilen / so werden dieselbe durch die Tutores und beyderseits Freundschafft auch gemeiniglich in Schrifften ausdrücklich und klärlich / wie es gehalten werden soll / und wie sich beyde Theil verglichen / aufgerichtet / und was alsdann der Buchstabe mit sich bringt / dem muß nachgelebet werden / da aber Irrungen darinnen vorfallen / pflegen es die Freundschafft entweder bey sich selbst / oder mit Hülff der Obrigkeit zu vergleichen / was weiter / befiehlet man den geschriebenen Rechten.

Quæst. 5.

Zum letzten den Abtrieb und nähern Kauff belangend / ist es zu Giessen biß daher gehalten worden / und noch / wie des Durchläuchtigsten und Hochgebohrnen Fürsten und Herrn Herrn Philipps Landgrafsen zu Hessen / hochlöblich christlicher Gedächtnüß / anno 1535. ausgegangene Ordnung meldet / nemlich daß das verkauffliche drey Sonntage nach einander vor der Kirchen / in Versammlung des Volcks proclamirt werden / und da einer kaufft / und also 6. Wochen und 3. Tage ohne Ansprach bleibet / so ist der Kauff kräfftig / doch daß dieselbige Proclamation denen absentibus, minorennibus, furiosis & mutis, inhalt bemeldter Ordnung nicht nachtheilig seye.

Sonsten wird allewege jeder der Nächste in dem grede zu gebührender Zeit zu dem Abtrib gelassen / also

also ob der Käuffer dem Verkäuffer schon auch verwandt / so wird doch ein näherer Verwandter zugelassen und solches allein in Erbkäuffen immobilium, und nicht in versetzten oder wiederkäuflichen Gütern / dann in solchen wird kein Näher - Kauff zugelassen.

Wann aber ein Gut nicht proclamirt worden / als obstehet / und doch erblich verkaufft / so hat nicht allein der absens sondern auch præsens statt abzutreiben und zeit eines Jahrs und eines Tages / von zeit des beschlossenen Kauffes an zu rechnen 2c. Welches alles also von unsern Vor-Eltern zu Giessen gehalten worden / und auf Nachkommen und Nachkommen gehalten wird.

Solches hinwieder auf hochermeltes Unsers gnädigen Fürsten und Herrn überschickte Fragstück / Ihrer Fürstlichen Gnaden unterthäniges schuldiges Gehorsams / wir zum Bericht nicht haben sollen verhalten / und sein Ihrer Fürstlichen Gnaden gantz unterthänig und gehorsamb als Schuldner bereit J. F. G. underthänige

Burgemeister und Schöffen
zu Giessen.

Exordium Epistolae.

UNsern Gruß / Ewer hiebevor den Fürstlichen Räthen gethanen Bericht / belangend den Stadt-Brauch / wie es unter euch mit der Succession zwischen Ehe - Leuthen / welche ohne Gedinge zusammen kommen / und ohne Eheleibliche Kinder Todes verfahren / in den in wehrender Ehe erkoberten Gütern / bey

bey euch je und alle Weg gehalten worden / haben wir uns zugestellt durchsehen und nach fleissiger Erwegung dermassen befunden / daß wir ohne vorher gehende Linderung in denselben wegen allerhand fürfallender Umstände / auf obangeregten Bericht / noch zur Zeit nichts fest beständiges zu handeln und schliessen auerachten können / denn obwohl nicht ohne / daß mehrgedachter Bericht mit runden Worten sich dahin lehnet / daß Mann und Weib da sie ohne Eheleibliche Erben todes verfahren / in dem in währender Ehe erkoberten Guth sich beerbfälligen / so können wir gleichwohl noch zur Zeit nicht wissen / ob diese Wort (in währender Ehe) auf ein oder mehr Ehegemählt sollen ausgerechnet / und weitläufftiger verstanden werden.

Als in diesem Fall / da ein Mann zwey oder drey eheliche Weiber nach einander hätte / so wird an dem empfangenen Bericht gnugsam verstanden / wann die erste Frau ohne Eheleibliche Erben todes verfährt / daß alsdann der Mann alle in währender Ehe erkoberte Güter vor sich allein behalte / und der nächst verstorbenen Frauen Bluts-Freund- und Angewandten Vermög des Stadt-Rechts ausschliesse. Wann nun dieser Mann itzige in erster Ehe erkoberte und also zum theil von seiner ersten Hausfrau ererbte Güter / der andern und auch der dritten Frauen in die andere und dritte Ehe zu denen Gütern zubringt / welche er mit dieser letztern in währender Ehe bekommen / oder gewonnen / und alsdann auch verstirbt /

so ist die Frag. Ob dieselbige in erster Ehe zugebrachte Güter/ auf diese letzte Frau vermög des Stadt-Gebrauchs/ oder aber als zugebracht/ und für der andern und dritten Ehe ererbte Güter auf des abgestorbenen Manns nechste Blutsfreunde/ fürbehalten der Leibzucht der Frau transferiret/ und successionis jure zugeschoben werden sollen.

Responderunt Scabini Giessenses, daß ermeldte Güter vor und vor den Nahmen der erkoberten Güter behalten/ und also vermög angezogenes Stadt-Brauchs auf die letztlebende Ehefrau devolviret werden/ auch dieselbe damit ihres Gefallens zu schalten und zu walten Macht habe. Factum hoc in anno 1578. den 19. Junii.

Im Giesser Stadt-Brauch stehet also:

Wann zwey Ehegatten so ohne geding zusammen kommen/ Kinder in währender Ehe erziehlen/ und daß ein Ehegemahl vor dem andern abstirbt/ und versammte Kinder verläst; So sterben und fallen denselben Kindern zu alle von beyden Eltern zusammen brachte/ auch eroberte und erkoberte unbewegliche Güter/ daß also das letztlebende nichts behält/ als die bewegliche Güter/ doch behält es auch auf allen unbeweglichen Gütern den usumfructum sein Lebenlang/ und mag sich auf denselben usum fructum als die Baarschafft in die zweyte und dritte Ehe anderwärts verheyrathen/ alsdann aber müssen die Kinder bevormundet seyn.

Und

Und fallen also dem Vater diejenige Gelder/ so ihm seine Haußfrau in die erste Ehe zugebracht/ sie kommen her/ woher sie wollen/ sie seyen aus ihren zugebrachten Gütern gelöset/ oder gleich baar da/ erblich zu/ daß daran seine Kinder erster Ehe nicht den geringsten Anspruch haben/ verbleiben auch solche mütterliche Gelder/ wann sie schon in die andere Ehe durch den Mann bracht worden/ unter die Mobilia gehörig und gebühren dem letztlebenden/ und wann der Mann solche Gelder in der zweyten Ehe an liegende Güter geleget/ bleiben solche Güter den Kindern zweyter Ehe/ und haben daran die Kinder erster Ehe nichts zu suchen noch zu fordern.

Wann von den Kindern eins hernach absterbe/ wer soll das erben?

Davon stehet im achten Stadt-Brauch nichts/ es ist aber hiebevor also gehalten worden/ daß die übrige Kinder dessen Erbe unter sich getheilet haben; vor ohngefähr 30. Jahren aber/ hat Ulrich Adam aus Fürstl. Cantzley einen Bescheid ausbracht/ daß das überbliebene von den Eltern mit den Kindern getheilet/ und ein Kinds Theil genommen und bekommen hat/ und selben nach/ ist es nun in die 30. Jahre also zu Giessen gehalten und getheilet worden.

Was die Eltern also erben/ wo das hernacher hinfalle?

Der Stadt-Brauch sagt: Was ein Mensch im Wittwenstand erobert/ erkobert/ ererbt/ oder ihme zufällt/ so dasselbe sich nicht in weitern Ehestand begiebt/ und ob er schon vorhin dreyerley Kinder hat/ so fallen solche Güter doch allein auf die letzte Ehestands Kinder.

Wann aber keine Descendentes vorhanden?

Stadt-Brauch sagt: So auch eins vor oder in währender Ehe etwas unbewegliches erbet /und ihm auffstirbet/ solches fällt auch hier wieder zurück/ wann dies letztlebende seinen usumfructum darauf geendet hat/ wann keine Descendenten da seynd.

Nro. II.

Verordnung

Wie es in puncto der Wehrschafft wegen des verkauften Viehes zu halten.

Von GOttes Gnaden Elisabetha Dorothea Landgräfin zu Hessen/ꝛc.

EDler und mannhaffter / so dann Hochgelahrte Räthe / liebe Getreue. Wir haben Euer Schreiben vom 11ten dieses empfangen / und was-gestalt ihr um Verhaltung-Befehl / wie es im puncto der Wehrschafft wegen des verkaufften Viehes zu halten unterthänigst bittet / daraus mit mehrerm vernommen. Nachdem nun in dem Landrecht dieser Grafschafft Catzenellenbogen von kauffen und verkauffen/ derentwegen solche Päß enthalten/ wie folget. Und ob wohl ein jeder Kauff heist / siehe zu/bevorab im Viehekauff/ und der Verkauffer alle män-

gel/

gel/ sonderlich die ein Käuffer selbst sehen und erkennen soll/ anzuzeigen/ nicht schuldig/ doch wofern der Verkäuffer innerliche Natur Eigenschafften und Gebrechen eines verkaufften stückes/ so dasselbige zur zeit des Verkauffs hätte/ listiger und betrüglicher weiß verschweigen würde/ so soll der Verkäuffer sein Gut innerhalb 4. Wochen wieder nehmen/ und dem Käuffer die erlegte Kauff-Summa erstatten/ mit der maaß daß auch der Käuffer in diesem Fall das gekauffte Stück dem Verkäuffer so gut als ers empfangen/ wieder stellen und darin kein Gefahr [illegible]uchen; wie auch der Verkäuffer die Wehrschafft auf 4. Wochen lang zu thun verpflichtet seyn soll; Es wäre dann daß etwas zu schlachten verkaufft worden/ alsdann soll die Wehrschafft über 3. Tage sich nicht erstrecken; hätten aber die Contrahenten sich einer kürtzern oder längern Zeit der Wehrschafft halben verglichen/ dabey soll es gelassen werden.

Und wir dann solche 4. wöchige Wehrschafft in dem Viehe-Kauff mit dem ferneren Anhang wegen des schlachtbaren Viehes/ auf 3. Tage/ sodann einer kürtzern oder längern Zeit/ deren sich die Contrahenten der Wehrschafft halben etwa in specie und absonderlich verglichen auch in dem Ober-Fürstenthum Hessen und darzu gehörigen Orten einführen zu lassen gut befunden. So befehlen wir Euch gnädigst/ daß ihr euch darnach achtet/ und in allen euer inspection untergebenen Aembtern/ nach Anleitung ob angeregtes in der allhiesigen Catzenellnboger Lands-Ordnung

nung enthaltenen Passes / deßhalben die Nothdurfft verfüget und ausschreibet / und wir seynd euch 2c. Darmstadt den 21. Aug. 1684.

Elisabetha Dorothea Landg. zu Hessen.

Diese Verordnung ist nachgehends aufgehoben und durch eine andere geändert worden / daß nemlich bey dem Schlacht-Vieh die Währungs-Zeit ein viertel Jahr seyn solle.

Nro. III.

Verordnung wegen verbottener fleischlichen Vermischung.

Nachdeme von Gottes Gnaden Uns Ludwigen Landgraffen zu Hessen 2c. unserer sonderbaren Mißfälligkeit eine zeithero zu verschiedenen mahlen / berichtlich vorkommen / obwohlen unsere in Gott ruhende hochseel. Vor-Eltern und Vorfahren / Fürsten zu Hessen / unter andern auch wegen ernster Bestraffung des Lasters der Hurerey und zu frühzeitigen Beyschlaffs / unterschiedene hochlöbl. Verordnungen ergehen lassen / über welche auch gebührlich zu halten fort und fort ernstlich befohlen worden / daß dennoch solche Laster je mehr und mehr einreissen und fast gar überhand nehmen thun / wordurch aber GOttes / ohne dem entbrannter gerechter Zorn noch mehr gereitzet und über das Land gezogen wird / gestalt aus Geist- und Weltlichen Historien bekant / wie der Allerhöchste wegen des schändlichen Lasters der Unzucht Städte und Länder umgekehret habe. Hierum und damit dem allen um so viel desto mehr vorgetrachtet

solcher

solcher Leichtfertigkeit Schand und Lastern gesteuret und sich davor / und zumahl vor GOttes fast unaussprechlicher zeitlicher und ewiger Straff desto mehr gehüthet / und sich hingegen Christlicher Zucht und Erbarkeit befliessen werden möge.

So thun wir nicht allein ob hochgedachter Unserer Christseeligen Vor-Eltern und Vorfahren Fürsten zu Hessen derentwegen hierbevor nach und nach ergangene Verordnungen / wiederholen / sondern befehlen auch hiermit ernstlich und wollen / daß alle diejenige welche demselben und diesser unserer ernster Erinner- und Verwarnung Befehl und Verordnung zu entgegen / dannoch sich mit dem Laster der Hurerey vor und nach den sponsalien und Ehe-Verlöbniß verübenden zu frühen Beyschlaff besudeln / und dessen überführet werden / ohne Ansehung der Persohn nicht allein nach Gelegenheit und Unterscheid beyderseits Verbrechen, mit einer nahmhafften **Geld-Buß**, sondern auch einen **gantzen Monath** lang mit dem Thurn abgestrafft / und keinen Theil der Leistung **öffentlicher Kirchen-Buß**, weder um etwann beschehender Recommendation und Vorbitt / noch um anderer dergleichen Ursachen willen / entheben / noch damit verschont oder übersehen / noch an statt solcher Kirchen-Pœnitenz eine Geld-Straffe angenommen / noch obige Straffen in eine andere geringere Pœn verwandelt / sondern derenthalben geradt durchgegangen / auch da die fleischlichen Vermischungen vor dem offentlichen Kirchgang beschehen wären / und dasselbe vor der Priesterlichen Einsegnung ruchbar und kund würde / der Braut weder

der mit einem Crantz zur Kirchen zu gehen/ noch solchem paar Volcks eine Schanck-Hochzeit zu machen verstattet / sondern beyde Persohnen vermög unserer Kirchen-Ordnung anders nicht dann unfehlbahrlich mit vorgehender Kirchen-Pœnitenz eingeseegnet / auch zu solchem End von unseren Superintendenten/ Pfarrern/ Beambten / und den Seniorn jedes Orts auf solche Fälle genau Achtung gegeben / und zu unsern Fürstl. Cantzleyen deswegen jedesmahl zeitlicher Bericht erstattet werden solle. Verordnen gebieten auch und befehlen hiemit in gnädigstem Ernst/ daß auf begebende Fälle / zumahlen auch von unsern Marschalln/ Cantzlarn / Vice-Cantzlarn / Räthen / Geist- und Weltlichen Beambten/ Dienern und angehörigen Graf-Herrschafften und Landen / über dieser unserer Verordnung festiglich gehalten / und damit dadurch der vorgesetzte gute / zu Erhaltung Zucht und Erbarkeit und Verhütung Aergernüß und Gottes flammenden Zorns angesehene Scopus und Zweck erreicht werden möge / ohn einiges neben-Absehen verfügt werden sollte.

Was auch im übrigen von unsern Fürstl. Vor-Eltern wegen Bestraffung des Lasters / des nicht allein mit Eheweibern sondern auch ledigen Weibs-Persohnen verübten Ehebruchs / verordnet worden / solches thun wir anhero gleichmäßig wiederhohlen und befehlen ernstlich / daß darüber steiff und vest gehalten, und um obiger oder anderer vorwendenden Ursachen willen/keiner Remission statt gegeben werden solle. Hieran geschiehet unsere gnädigste gefällige Meynung

nung und ernster Befehl / und hat sich männiglich in unserm Fürstenthum / Graf- und Herrschafften dar- nach zu richten / und vor Ungelegenheit zu hüten / zu dessen desto mehrer Bekräfftigung wir uns eigen- händig unterschrieben haben / und unser Fürstl. Secret hierauf trucken lassen. So geben und geschehen zu Darmstadt am 23. May 1662.

Nro. IV.

Privilegirte Verordnung an den Rath und Stadt Gies- sen wegen verkauffter und verpfändeter Güter.

VOn GOttes Gnaden Wir Ludwig Landgraff zu Hessen / Fürst zu Herschfeldt rc. thun kund und bekennen hiemit vor uns und unsere Erben und Nach- kommen / Fürsten zu Hessen / als uns unsere Unter- thanen Burgermeister und Rath unserer Stadt Gies- sen unterthänigst zu erkennen gegeben / was gestalt unser in GOtt ruhender Herr Ur-Ur-Groß-Vatter weyl. Herr Landgraf Philipp zu Hessen rc. hochseli- gen Andenckens / im Jahr 1533. auf Montag nach vo- cem jucunditatis ihre Vorfahren am Stadt-Rath / und sie nach Ausweiß eines Uns aus ihrem Stadt- Protocollo vorgezeigten Extractus, um des gemeinen Nutzens und Besten willen / und damit hinführo ehrliche Biederleuthe bey oder durch Verpfändungen auch Verkauff- und Kauffung Bürgerlicher Güther um so viel desto weniger betrogen werden / oder weil sonsten jeweils ein Gut zwey / drey oder vier mahl verschrieben worden / und ein oder ander sein Geld etwann (wie man zu sagen pfleget) in einen zerbro- chenen Beutel thun möchte / zumahlen aber man hernach ewiglich finden könne / von wem / auch woher und wohin jegliche Bürgerliche Güter erkaufft oder verpfändet worden seyen / dahin Lands-Fürstl. privilegirt haben / daß alle obgemeldte Bürgerliche Güter / so gekaufft worden / und wer dieselbige verkaufft und gekaufft habe / sodann welchen Tag die Kauffbrieffe so darüber aufgerichtet / ausgangen seyen / vom Burgermeister Rath und Stadtschreiber / wer die zur zeit seyn würden / nicht allein mit Nahmen in ihre Gerichts-Bücher eingeschrieben / auch die darüber sagende Kauff- und Verkauff-Brieffe / von keinen Sieglen anders als mit der Stadt Giessen Insiegel zu versiegeln / zugelassen / die Brieffe aber durch einen jeden zeitlichen Stadtschreiber zu Giessen geschrieben / und sonsten von keiner andern Handschrifft von Burgermeistern und Rath zu versiegeln angenommen werden solten / mit gehorsamster Bitte / obwohl solch Fürstl. Privilegium annoch in gehöriger Observantz / damit jedoch künfftig um so viel destoweniger einiger streit oder Zweiffel darwider erreget / noch ihnen dagegen eintrag gethan werden möchte / Wir wolten dasselbe als der Landsfürst gnädigst Confirmiren / renoviren und Bestättigen / und Wir denn zur Beförderung des gemeinen Nutzens / auch in ansehung / der gehorsamsten treuen Diensten / so unsern Fürstl. Vor-Eltern / auch letztlich / unserm nun mehro in GOtt ruhenden Hochseel. Herrn Vatter / Weyland Herrn Landgraff Georgen zu Hessen / in denen jüngst erlittenen hoch beschwerlichen Kriegs Zeiten obbemelte Burgemeister Rath und Gemeinde zu Giessen unterthänigst geleistet

stet/auch uns hinfürter wohl thun können/sollen/wollen/ und mögen/ zu mahl aber / zu Verhütung des/ einen oder andern Contrahirenden theil sonsten besorglich/ jeweils unwissend zu stehenden Nachtheils / schaden und Betrugs/ denenselben zu gnädigster Willfahrung geneigt seynd. Daß wir dem allen nach solcher ihrer unterthänigsten Bitte statt gethan/und erwehntes unsers Herrn Uhr- Uhr- Groß- Herrn - Vatters ihnen gegebenes Privilegium und Begnadigung erneuert Confirmirt und bestättiget haben. Thun das auch hiermit/ und in krafft dieses/ in der besten und beständigsten Form und Maaß alß es Rechts und gewohnheit wegen geschehen soll/ kann und mag / dergestalt und also / daß hin führo über alle käuffe und verkäuffe/ bürgerlicher güter / zu Gießen briefliche Uhrkunden aufgerichtet/ und welcher solche /oder auch gerichtliche Schuld/ oder pfandbrieffe / obligationes und verschreibungen über bürgerliche güter/ auffrichten will/ und bedarff / dem sollen solche / durch den Stadtschreiber zu besagten Gießen /wer der/ zur zeit ist/und seyn wird/ seines Ambts halber / und sonsten durch keine andere Hand geschrieben / noch durch sonst keinen andern Siegler / wer der ist/ Edel oder unEdel / anderst als mit unserer Stadt Giessen Insiegel zu versieglen zugelassen/sondern von der Stadt gesiegelt / so dann alle mehr erwehnte Bürgerliche güter/so gekaufft oder verkaufft/ oder auch gerichtlich hypotecirt / und verpfändet werden / und wer die verkaufft oder verpfändet/ und an wen die verkauffung und verpfändung geschiehet / mit Nahmen/ wie auch/ welchen tag/ solche Kauff-

Brieffe oder gerichtliche obligationes geschehen/und ausgefertiget worden/ in Ihr Stadt oder Raths Protocoll von mehr gedachtem Burgemeister/ Rath oder Stadtschreiber eingeschrieben werden sollen / und wo darüber solchem Privilegio und verbott zu entgegen/ die verschreibungen und Kauff-Brieffe / dennoch durch andere schreiber oder Siegler ausgefertiget würden / so sollen dieselbige Briefe nichtig/ untüchtig/ und krafftlos geachtet und gehalten/ und vor keinem gericht darauff erkant werden / sonsten aber einem jeden was nicht Bürgerliche Güter sindt / oder dafür gehalten wird/ ohne nachtheil und schaden. Da auch die Partheyen bey dem Stadtschreiber nach beschehenen Kauff und verkauff gebührlich ansuchung thun/ und die gekauffte und verkauffte Bürgerliche güter sampt dem Kauffgeld mit allen ihren Umständen anzeigen würden/ soll von ihm der kauff und wehrbrieff den Rechten und Billigkeit nach/ darüber gemacht und verfertiget werden, da aber der Stadtschreiber durch verhinderung anderer Geschäfften den Brieff innerhalb den nechsten acht tagen nicht verfertigen könte/ alsdann und auf solchen fall / soll einem jeden andern / den Brief zu schreiben vergönnet seyn / doch daß derselbe nach unserer Stadt Giessen vernünfftigen und billigmäßigen Gebrauch / stylo und gewohnheit gestellt/ und alsdann gleich wohl durch den Stadtschreiber vor der Versieglung/ umb seine ziemliche Belohnung unterschrieben werde. Damit aber bey Veräusserung derer Uns Zinßbahren Bürgerlichen Güter/ bey unserer Rentherey keine unrichtigkeit erwachse / auch im übrigen

dem

dem publico zum besten alle Contracten desto fleissiger gewahrt werden mögen/ So erinnern und befehlen wir hiermit BurgerMeister und Rath zu Giessen/ specialiter und im gnädigsten Ernst/ wann ein solches unß Zinßbahres stück guts veräussert wird/ daß sie solches bey unserer Rentherey zu dem Ende/ damit die Dantes gewahrt/ und die Register in Richtigkeit erhalten werden können/ so bald jederzeit anzeigen/ und darbeneben bey diesen und andern fällen/ die protocolla fleissig halten/ und insonderheit dabey in acht nehmen/ auch dem protocollo jedes mahl inseriren sollen/ wann und von wem/ auch in wesen gegenwart/ um die sieglung gebethen worden/ und zwar alles solches bey vermeidung gebührender Ahndung; und verordnen und befehlen darauf unserer Fürstl. Regierung/ Beambten/ Dienern/ Unterthanen/ und angehörigen/ daß sie über solchem unserm erneuerten/ und confirmirten Privilegio und dessen Inhalt steiff/ fest und unverbrüchlich halten helffen/ und darentgegen nicht widriges verstatten und zulassen/ sondern vielmehr Burgermeister und Rath unserer Stadt Giessen/ auf ihr anmelden und Begehren dabey der gebühr nach ernstlichen manuteniren sollen/ urkundlich unserer subscription und aufgedruckten Fürstl. Secrets. So gegeben und geschehen Darmstatt am siebenzehen tag Julii ao. Eintausend Sechßhundert Sechtzig und Zwey.

Ludwig
Landgraff zu Hessen.

Philipp Ludwig Fabricius,
V. Cantzlar.

Nro. V.

NAchdem von GOttes Gnaden Wir Georg Landgraff zu Hessen ꝛc. mit sonderbahrer grosser Mißfälligkeit vernommen / daß die Predigten Götlichen Worts hin und wieder in unserm Fürstenthumb und darzu gehörigen Graff- und Herrschafften / und nahmentlich auch in unsern Städten sehr unfleißig besucht / und das Hochwürdige Heilige Abendmahl des HErrn Christi von etlichen entweder gar nicht / oder doch sehr langsam gebraucht werden / dagegen aber allerhand Laster / oder Gottes Lästerung / fluchen und schwören / fressen und Sauffen / wie auch Hurerey und Ehebruch starck eingerissen und in vollem Schwange gehen / damit dann der flammende Zorn / des allwissenden gerechten Gottes dadurch nicht je länger und mehr verursachet / gereitzet und gehäuffet / noch über unser Fürstenthum und Lande / noch grössere Straffen und Plagen gezogen / sondern der Gottesdienst befördert / ein bußfertiger Wandel geführet / und allem ferner besorgenden Unheil nach Möglichkeit begegnet werde.

So wollen wir alle durch unsere Hochlöbl. Herrn Vorfahren und Voreltern / Fürsten zu Hessen verfügte Christliche Anstalten / sonderlich über die in anno 74. in das gantze Land publicirte Kirchen-Ordnung / wie auch unsere in ao. 16[illegible]ten Jahr gedruckte bey Erklährung über etliche gehalten Kirchen-Visitationen vorgefallenen Puncten / zugleich dem auch unser Edict von mehrer und besserer Feyer des Sonntags / und andere dergleichen unsere Rescripta und Christl. Verordnungen

nungen hiemit wiederholt / und daß denselben in allen Puncten und Clausuln nachgelebet werde / nochmahls verordnet haben.

Gebiethen und befehlen darauf in gnädigem Ernst / daß männiglich sich hinkünfftig fleißig und andächtig in der Kirchen bey den Predigten / wie auch in den Betstunden einstelle und finden lasse / bevorab auf die Sonntäge / ingleichem auf die Wochen - und Monathliche Bettäge / unter welchen Bußtags - Predigten sollen gehalten werden / und wann ferner unfleiß und vorsetzliche Verachtung der Predigten verspüret wird / sollen sonderlich die Kirchen Seniores ihr Ambt treulich verrichten / die unfleißige ohn Unterscheidt und respect der Persohnen aufzeichnen / und sie zu unnachläßiger und exemplarischer Abstraffung jedesmahlen bringen lassen / gestalt dann und damit dieses unfehlbarlich zu werck gerichtet werde / die Pfarrer und Prediger befehliget seyn sollen / ihre Monathliche Conventus denen nicht allein die Kirchen Seniores, sondern auch zu vorderst ein Beamter jedes Orths beywohnen soll / jederzeit ohne einigen Auffschub zu halten / und dabey genau und emsige nachfrage zu thun / wer diejenigen Persohnen seyen / welche die Predigten entweder gar nicht / oder doch ja gar langsam zum Gebrauch des Hochwürdigen Abendmahls einstellen / oder sonst ein ärgerliches Leben führen / zum fall sie dann solche Persohnen antreffen / soll das presbiterium oder Kirchenamt selbige vor sich erfordern /

Kirchen gehen.

fordern / ihnen ihren ungehorsam / verachtung der Heiligen Sacramenten und ärgerlichen Wandel verweissen / und sie zu einem andern und bessern anmahnen. Würd aber nun / über all bessers verhoffen / solches nicht verfangen / alsdann sollen dieselbige / gestalten sachen nach / mit Gelde oder gefängnüß oder auch sonsten exemplarisch abgestrafft werden / zu welchem ende dann / von den Pfarrern jedes Orths an ihre vorgesetzte Superintendenten, von diesen aber nach befindung an uns selbsten / oder unsere nachgesetzte Regierung die Nothdurfft berichtet / und von denselben mit zuziehung eines Superintendenten verfügt werden soll. Wir erfordern aber vorangeregter maßen nicht allein die fleissige Besuchung der Predigten / sondern wollen auch / daß sich männiglich offters zum Gebrauch des Heiligen Hochwürdigen Abendmahls bußfertiglich einstelle / und dasselbe keines weeges verachte / oder dessen Gebrauch unterlasse / wie dann unser ernster Will und Befehl ist / daß nicht nur die Seniores, sondern zuforderst auch die Pfarrer und Prediger selbst auf solche Versäumer gedachtes Hochwürdigen Sacraments ein scharffes Auge haben / dieselbe vor sich fordern / zum offtern gebrauch vätterlich und treulich ermahnen / und nach befindung unterrichten / auch vor zeitlicher und ewiger Straffe warnen / da sie aber dennoch und diesem allen ungeachtet / des Heiligen Abendmahls sich muthwillig und hinläßig / nicht gebrauchen werden / sollen

Pœna.

Heiligen Abendmahl.

sollen dieselbe vorberührter massen mit würcklicher Straffe beleget / endlichen auch / und da sie an die jetzt gedachte Straffe sich nicht kehren wollen / ihnen außdrücklich und mit allem Ernst angesagt werden / daß sie als vorsetzliche Verächter der Heil. Sacramenten von uns gantz nicht geduldet / sondern aus unsern Städten und Landen verwiesen / oder sonst ihrem Verdienst nach excommuniciret oder verbannet / auch da sie etwan durch den zeitlichen todt übereilet ohne Klang und Gesang fortgetragen / und darzu an Oerter und enden / da andere fromme Christen ihre Ruhstatt haben / gar nicht sollen begraben werden / gestalt dann auch wir unsern Regierungs-Cantzleyen / und Beambten eyfferig und ernstlich / hiemit befehlen / daß sie hierauf / und daß diese unsere intention erreicht werde / treufleißig suchen sollen. Pœna.

Und nachdem des Sonntags sich wenig Persohnen zur Kinderlehr einstellen; als werden in Krafft dieser nochmahligen Verordnung die Eltern hiermit ernstlich befehliget / ihre Kinder und Gesind so offt sie von der Cantzel herab zu verkündigende Zeit und Ordnung betrifft / zur Kinderlehr unausbleiblich zu schicken / im wiedrigen Fall sollen die Eltern / Brodherren und ausbleibende selbst mit Geld und andern Straffen / exemplarisch beleget werden. Kinder Lehr. Straff.

Es sollen auch die Schulmeister in den Städten und Flecken / da die Knaben auf den Stühlen

len die Fragstücke und zehen Gebott beten / erinnert und ihnen ernstlich und scharff eingebunden werden / daß sie dieselbe zu verständlicher deutlicher und nicht allzugeschwinder Außsprach und Recitation angewöhnen / damit die Zuhörer ihres Orts recht vernehmen / auch dadurch erbauet / und der dißfalls sehr eingerissene Ubelstand remediret und gäntzlich abgeschafft werden möge. Und weil ja das fluchen und schwören sonderlich aber die vermessentliche schmähliche Anziehung und Mißbrauch der Heiligen und Hochwürdigen Sacramenten / des Nahmens / Bluts / Wunden / Leyden / und Marter unsers HErrn JEsu Christi / und andern Gotteslästerlichen Reden / fast gar gemein worden / also daß dieses schändliche fluchen und Mißbrauch auch insgemein von Alten und Jungen / ja auch von denen Kindern auf der Gassen offtmahls gehöret werden; so wollen wir daß hiebey / und gegen diejenige welche mit diesen Lastern behafftet und dißfalls thätig erfunden werden / ein ernst gebraucht / und da einer oder der ander solche schwere Gotteslästerliche Flüche thun / und sich nicht davon abmahnen lassen wird / nach Anleitung des Heiligen Römischen Reichs publicirter Policey-Ordnung härtiglich gestrafft werden solte / und sollen auch ferner Prediger und Schulmeister wie auch Eltern und Brodherren die ihrige dafür treulich warnen.

Was denn vors 3te Hurerey und solchen Ehebruch welchen ein Ehemann mit einer ledigen Weibs-

Weibs-Person beacket/ ausführet: Ob zwar dieser Ehebruch bißhero in unserm Fürstenthumb und Land nicht peinlich sondern mit einer viertel-jährigen Gefängnuß und nahmhaffter Geld-straffe bestrafft worden/ in Ansehung aber daß dieses Laster fast gemein werden will/ so sind wir deswegen auch aus andern Ursachen die Straffe zu schärffen bewogen worden/ und da inskünfftige dergleichen Fälle sich zutragen werden/ soll es nicht allein bey dem viertel-jährigen Gefängnuß verbleiben/ sondern auch der Ehemann und ledige Person am peinlichen Hals-Gericht öffentlich angeklagt/forderst an Pranger gestellt/und durch den Nachrichter des Lands auf 2. oder 3. Jahr verwiesen werden. Adulterium uxorati cum soluta. Straff.

Betreffend aber die Fornicationes und gemeine Hurreren/ da lassen wir es zwar bey der in unserer Kirchen-Ordnung gesetzten Bestraffung bewenden/ es sollen aber bey Verrichtung der Kirchen-Pœnitenz die Delinquenten ausser den Stühlen vor dem Altar zu tretten/ und daselbst von Anfang biß zum Beschluß der Predigt unverhüllet stehen zu bleiben/ angehalten/ auch die in den Kirchen-Agenden befindliche Wort/ so bey öffentlicher poenitentz gebraucht werden/ nach art und Gelegenheit der Sünden und Persohnen/ jeweils geschärfft/ und darbeneben doch noch die delinquenten von Uns nach befindung und Beschaffenheit der umstände/ willkührlich abgestrafft werden. Würde aber einer oder eine/ zum 2ten Fornicat.

mahl sich dieses Lasters theilhafftig machen/ als-dann soll der delinquente nicht allein die Kirchen-poenitentz vorbeschriebener maassen/ auszustehen/ und welche Person sich also vergreiffen thut/ da-zu compellirt/ sondern wenn selbige verrichtet/ auch wohl nach Befindung/ so bald von der Kirch zur Stadt hinauß auf 2. Jahr des Landes ver-wiesen werden. Und weilen vorgesetzte Laster meh-rentheils durch das Fressen und Sauffen / verur-sachet werden/ als ist unser Verordnung und Be-fehl/ daß etliche hierzu bestimte Persohnen/ mit Rath der Kirchen Seniorum, jezuweilen in der Wochen/ besonders aber auf die Sontäge in Gast-Wein- und Bier-Häuser gehen/ und was vor Gäste sich darin befinden/ nachfrag thun sollen/ werden sie etliche da befinden/ welche dem Freßen und Sauffen nachhangen/ und keine genugsame erhebliche Ursachen/ warum sie sich allda be-treffen lassen beybringen können/ dieselbige sollen vor den Monathlichen Kirchen-Convent erfor-dert und ihnen ihr ärgerliches und gottloses Le-ben ernstlich verwiessen werden/ da aber solches bey ihnen nichts verfangen will/ sollen sie unsern delinquentien weltlichen Beambten zu Bestraf-fung zugewiesen werden/ zumahlen da sie solche Gesellen seynd/ welche ein Handwerck darauß machen/ täglich im Luder liegen/ und das ihrige Weib und Kindern zu schaden muthwillig ver-schwenden; und nachdem bereits vor diesem/ den Gasthaltern/ Weinschencken und Bier-Wirthen

bey

bey nahmhaffter Straff gebotten worden/ unter denen Predigten keine Gäste zu setzen / sondern solche allerdings abzuweisen / gleichwohl aber uns mißfällig vorkommt / daß diesem Gebott offtmahls zuwieder gelebt worden / so gar daß etliche Bier- und Wein-Wirth nicht allein unter den Predigten/ Wein und Bier verzapffen/ sondern noch darzu Sackpfeiffen/ Geigen/ und dergleichen Spielleute/ in ihren Häußern aufnehmen/ und groß Aergerniß geben / so ist unsere ernstlich befehlende meinung , daß solche unordnung unter denen Predigten ins künfftige gäntzlich eingestellt / und die Ubertretter mit Geld- und andern Straffen unnachlässig belegt / auch wohl nach Befindung nicht allein die Wirth sondern auch die Gäste und Spiel-Leuthe bey den Köpffen genommen/ und zu gefänglichen Hafften gebracht / forderst unserer Regierung berichtet und fernerer Verordnung erwartet werden soll / und ist doch auch nöthig / daß geist- und weltliche Beambten dahin sehen/ daß sonderlich auf die Sontag nach den Predigten keine ärgerliche Excessen / noch das Zechen in die tieffe Nacht geduldet werde.

Damit auch niemand mit einiger unwissenheit der Kirchen Ordnung und anderer unserer Christlicher anstalten/ sich zu behelffen anlaß haben mögen/ so soll auß derselben so viel die Besuchung und Beförderung des Gottesdienstes/ auch sonsten die erhaltung guter Christlicher Zucht / und Erbahrkeit betrifft/ jedes Jahres einmahl (welche Zeit dem gemeinen Volck vorhero sich alsdenn haben fleißig einzustellen/ verkündiget werden soll) gewisse Päße öffentlich von der Cantel abgelesen werden. Zu uhrkundt haben wir uns mit selbst Händen unterschrieben / und unser Fürstl. Secret auftrucken lassen. So geschehen zu Darmstatt am 24ten Octobr. anno 1644.

(L.S.) George
Landgraff zu Hessen.

Nro. VI.

DEr Wahrheit zu Steuer / wird hiermit attestirt / daß bey Fürstlicher Renth-Cammer allhier 1. fl. Jährlich ständiger unablößiger Zinssen / um 30. auch 40. fl. Capital / aber 1. fl. andere Jährliche Gefälle / so der debitor jederzeit / oder doch jedes Jahrs ablegen kann / um 20. fl. Capitul pflegt angeschlagen zu werden. Uhrkündlich des hierauf gedruckten Fürstl. Rent-Cammer Insiegels / gegeben zu Darmstatt den 17ten Julii anno 1690.

(L. S.)

Fürstl. Heßische Rent-Cammer
daselbsten.

Nro. VII.

P. P.

NAchdeme Wir umb besserer Ordnung willen / und zu desto bequemerer und sonderlicher expedirung / deren vorkommenden täglichen vielen geschäfften / bey unsern Rath-Collegiis unserer allhiesigen Regierung vor gut angesehen haben / daß hinführo die / von unsern Aembtern anhero zu berichten stehende Sachen / und Casus, jedes mahl separiret und eine jegliche wohin sie ge-

gehöret / unter einem Couvert nachfolgender gestalt überschrieben werden. Nemlich 1.) alle Pfarr und Schulsachen Matrimonial- und Fornications Sachen / und was dahin ein mit läuffet / an unser Fürstlich Consistorium zu Giessen / 2tens die Civil- Criminal- und Process, in Testaments- Erbschafft- Abtribs- Schuld- und dergleichen sachen an unsere Fürstl. Regierungs- Cantzley allhie zu Darmstatt. 3tens die Oeconomie- und Teutsch- Cammersachen an unsere Fürstliche Renth- Cammer 4tens die Kriegs- und Einquartirungs- sachen an unsere verordnete Kriegs- deputation, und 5tens hingegen alles andere übrige so in publicis und sonsten andern wichtigen vorfallenheiten / entweder an uns / oder nach bewandtnüß an unsere geheime Cantzley. So befehlen wir hiermit in Gnaden / daß ihr euch darnach achtet / die Materien jedes mahls von einander separirt / und nach obbemelten gehörigen orten / jedem die überschrifft einrichtet. Verlassens uns also zu geschehen, und Wir seind euch mit gnaden wohl gewogen. Darmstatt am 23ten Decembr. 1692.

E. Ludwig.

Nro. VIII.

Unsern freundlichen Dienst zuvor.

Nachdem unsers gnädigsten Fürsten und Herrn Hochfürstliche Durchlaucht auf unsern erstatteten unterthänigsten Bericht / in puncto der Wehrschafft / so wohl wegen des zum Handel und Wandel / als auch

zum

zum Schlachten erkaufften und verkaufften / hernach aber falsch fallenden Viehes / in Gnaden verordnet / daß so viel jenes / nehmlich das zum Handel und Wandel verkauffte Viehe betrifft / besagte Wehrschafft nach dem Land-Recht / der Ober-Graffschafft Catzenelnbogen / wovon ein extractus hiebey lieget / und der deshalben den 22ten Januarii 1684. ergangenen gnädigsten Verordnung überhaupt in allen Fällen vier Wochen lang / wegen der special Schadloß-haltung / des zum schlachten erkaufften / aber falsch fallenden Viehes / vermög der deshalben im Augusto 1702. ergangener Verordnung / währen und sein verbleiben haben / und daß in dergleichen Vorfallenheiten / nach vorgesetzten Verordnungen / jedesmahlen gesprochen werden soll: Als begehren in höchstgedachter Ihr Hochfürstl. Durchl. Nahmen Wir hiermit / vor uns freundlich gesinnend / daß Ihr diese Fürstl. gnädigste Verordnung / nicht allein den Euch gnädigst anvertrauten Ambts-unterthanen unterm Glockenschlag publiciren lasset / sondern auch euch selbsten darnach achtet / mithin bey dergleichen Vorfallenheiten nach solcher sprechet / und die strittige Partheyen auß einander setzet / versehens uns und seynd Euch freuntl. Dienste zu erweisen geneigt. Giessen den 1ten Novembr. 1702.

Fürstl. Hessische Vice-Cantzlar / und Regierungs Räthe daselbsten.

Voranbemelter Extract aus dem Land-Recht der Obergraffschafft Catzenelnbogen befindet sich hierinnen bey dergleichen Verordnungen sub Nro. 2.

Nro. IX.

Nro. IX.

Von GOttes Gnaden Ernst Ludwig
Landgraff zu Hessen rc.

WOhlgebohrne / sodann Hochgelährte Räthe / liebe Getreue / Euch wird annoch erinnerlich seyn / als die Anzeige geschehen / daß die Victualien durch den eingeschlichenen Vorkauff / vertheuret würden / was unterm 18ten Januarii jüngsthin an euch deßfalls rescribiret und befohlen worden; Nachdem nun von unsern Vorfahren / wegen des Kauffen und verkauffen auf denen allhier haltenden Wochen-märckten solche Verordnung ergangen / wie Ihr ab der abschrifftlichen Anlage mit mehrern zu ersehen / welche zwar bereits etwas in Abgang gekommen / itzo aber wieder erneuert werden sollen: So befehlen Wir hiermit gnädigst / daß ihr nach deren Anleitung hinführo gantz keinen Vorkauff mehr gestattet / sondern alles auf den Marckt / und daselbsten nicht eher / als zu der / in sothaner Verordnung determinirten Zeit verkauffen lasset / und ernstlich dabey haltet / auch unserm Advocato Fisci und Land-Fiscalen Lt. Otto, zu seiner Nachachtung Nachricht davon gebet / und seynd euch mit Gnaden wohl gewogen. Darmstatt am 7ten Martii 1716.

Ernst Ludwig
Landgraff zu Hessen.

An die Regierung zu Giessen.

Nro. X.

Copia der im vorher gehenden gedachten Anlage.

BEsonders und gute Freunde nachdeme in der hiesigen Fürstl. Marckt-Ordnung ausdrückl. disponiret und versehen ist / daß niemand ausserhalb des Marckts kauffen / denen Marcktleuthen entgegen lauffen, oder auf den Strassen um dieselbe kauffen / oder den Kauff bedingen solle. Bey Straf einen jeden welcher dargegen thut 1. fl. oder eines mehrern nach gestalt der Sachen / item daß das hausiren unter währenden Wochen-Marckt mit allerhand Waaren ernstlich verbotten seyn solle / bey Straff 1. fl. der darwider handelt / zumahlen auch daß keinem Vorkäuffer verstattet werden sollen / vor Verfliessung 10. Uhr auf denen Wochen-Märckten etwas zu kauffen / und daß die Beamten wie auch der Rath und der Meister mit sonderbahrem Fleiß darauf sehen sollen / und wir dann leider täglich sehen und erfahren müssen / wie so gar solchem allen nicht nachgelebet / noch von denen die es doch thun solten / schuldige Aufsicht und Straffe gegen die Ubertretter geübet werde / welches dann endlich zu gäntzlicher Confusion gerathen möchte.

So begehren und befehlen wir hiemit ernstlich / daß ihr der Ambts-Verwalter und Ambts-Keller allhier / solche Fürstl. Verordnung nicht allein auf dem Rathhausse der Bürgerschafft / sondern auch denen das Vorkauffen übenden Manns- und Weibs-Persohnen offentlich aufs neue wiederum publiciret und ankündiget / sondern auch Burgermeister und Rath sodann die

die Marcktmeister/ und deren allerseits zugeordnete Bediente/ nachdrücklich erinnert und antreibet/ hinführo besser und fleissiger Auffsicht zu haben/ zumahlen aber dem Heimbürger ernstlich einbindet/ wann insonderheit die Verkäuffer in und ausserhalb dem Wochen-Marckte darwieder handeln/ und in hiesiger Stadt (dann ihnen auf denen Dorffschafften oder in der Nachbarschafft jederzeit einzukauffen unverbotten bleibt) zu Vertheurung der Feilschafften vor 10. Uhr sich einiges Vorkauffs oder Entgegenlauffung der Marcktleuthe unterstehen/ daß euch er dieselbe bey willkührlicher Geld- oder Gefängniß-Straff so bald nahmhafft machen/ und ihr darauf die Ubertrettere/ jedesmahls mit Geld oder nach Befindung der Gefängniß-Straf darum ohnfehlbahrlich ansehet/ und abstraffet. Versehens uns also zu geschehen und seyndt Euch 2c. Darmstatt am Augusti 1696.

Fürstl. Heß. Praesident und Rath daselbsten.

An die Beambte zu Darmbstatt also abgegangen.

Nro. XI.

WAnn zwey ledige Personen einander heurathen/ und ohne Leibs-Erben eine vor der andern stirbt/ so wirds allhier in Giessen mit deren Verlassenschafft dergestalt gehalten/ daß das letztlebende bekommt/ die vermachte Ehesteur/ alle mobilia, und dasjenige was sie zeit währender Ehe durch Gottes Segen erkaufft und errungen haben.

 Die

Die immobilia und liegende Güther aber / so der verstorbene Ehegatte aus dessen Elterlichen Verlassenschafft ererbet / fallen wieder zurück auf dessen nächste Freunde und Anverwandten. Welches auf begehren hiermit benachrichtigen wollen. Sign. Giessen am 9. Martii 1703.

J. B. Balser Stadtschr. mpp.

Nro. XII.

Wann ein Fremder hier in Giessen Bürger werden will / muß er an Bürgergeld erlegen.

Manns-Persohnen.

Der Herrschafft	12. fl. 25. Alb. 6. Pf.
Der Stadt	6. Rthl. it. den foc. fl. à 30. Alb. und einen ledernen Eimer à 1. fl.

Eine Weibs-Person muß erlegen.

Der Herrschafft	9. fl. 19. Alb. 4. Pf.
Der Stadt	4 ½ Rthl.

Ein paar fremde Mann und Weib müssen zusammen erlegen.

Der Herrschafft	19. fl. 8. Alb. 6. Pf.
Der Stadt	9. Rthl. it. den foc. fl. ein ledernen Eymer it. 10. Alb Amts-Gebühr dem Hn. Renthmeister.

II.

Wiederholte und erneuerte *Reformation* des H. Reichs Stadt Wezlar die *Succeſſions* - und Erbfäll betreffend.

Gedruckt zu Marpurg durch Paulum Egenolf im Jahr 1608. 4.*)

Wir der Rath des Heiligen Reichs-Statt Wetzlar / thun allen und jeden unsern Bürgern Beysassen und Einwohnern auch allen denen so allhie an deß Heiligen Reichs Statt-Gericht Rechtlichen zu handlen / zu thun und zu rechten haben / kundt und zu wissen. Nachdem unsere Liebe Vorfahren seeligen / im Jahr unsers Herrn und Seligmachers tausend / fünffhundert / viertzig und acht / etliche alte / dem Rechten und gemeyner Vernunfft zuwider gelauffene böse Gebrauch / so dero Zeit der Erbfälle halben / insonderheit zwischen Eheleuten und Kindern / in Ubung

*) Turpiter suis civibus illusit, quisquis demum hanc ordinationem pro sua opella illis venditavit. Non enim sistit nisi REFORMATIONEM patriae meae Francofurdi antiquam 1509. fol. 21. sqq. paucis verbulis mutatis.

bung vnd schwang gegangen / vnd für Recht gehalten worden / cassirt vnd vffgehaben: Hergegen aber / wie es berührter Erbfäll halben / in einem und anderm gehalten werden solle / auß den gemeynen beschriebenen Keyserlichen Rechten / auch andern Ordnungen / welche denselben vnd der Billichkeit gemäß / was deren darin / dieser Statt dero Gelegenheit nach dienlich befunden / extrahiren / vnd an des Heiligen Reichs Statt-Gericht offentlich haben verlesen vnd publiciren lassen / vnd aber hernacher bey solcher Reformation vnd Ordnung allerhand Vnrichtigkeit / mängel vnd gebrechen / indem dieselb nicht eben gleichmässig in Acht gehalten worden / welches auch dahero erfolgt / daß sie niemals in offentlichen Truck kommen / vnd also menniglichen bekannt blieben were / eingerissen. Damit dann solchen mängeln vnd gebrechen abgeholffen werden möchte / so haben wir eine hohe notturfft erachtet / berührte Reformation vnd Ordnung zu renoviren vnd zu erneweren / wie wir dann dieselbe hiemit / Krafft habender Keyser- vnd Königlicher Priuilegien, auch tragenden Oberkeytlichen Ampts wegen / renovirt / widerholt vnd ernewert haben wöllen. Ordnen / setzen / wöllen vnd befehlen demnach / allen vnsern Bürgern / Einwohnern vnd Beysassen / deßgleichen allen Außländischen / so in dieser vnserer Statt Rechtlich / oder ausserhalb Gerichts zu handlen haben, daß sie in angezogenen Erbfällen sich berürter Ordnung vnd Reformation, alles ihres Innhalts trewlich geleben vnd gemäß verhalten, daß auch an deß heiligen Reichs Statt-Gericht allhier darnach in allen Fällen (doch ausser-

halb

halb denjenigen / so hiebevor durch Vergleichung oder sonsten jhre Endschafft erreycht / darbey wir es bewenden lassen) gesprochen vnd erkannt solle werden. Doch behalten wir vns nochmals hiemit außtrücklich bevor / da sich künfftig / in dieser vnserer ernewerter / vnd anderwärts publicirter Ordnung / mängel zweiffel oder mißverständ mit der zeit befinden / oder auch solche Fäll / so hierinn nicht versehen / zutragen würden / in dem allem weitere Ersehung / erklärung vnd verbesserung / den Rechten vnd der Billichkeit gemäß / nach erheischung der notturfft vnd gelegenheit / gemeyner vnserer Statt nutzen / vnd lieben Bürgerschafft zum besten zu thun vnd fürzunemen. Publicirt den fünff vnd zwantzigsten Monaths Tag Julii im Jahr nach Christi vnsers einigen Erlösers vnd Seligmachers Geburt / tausendt sechs hundert vnd acht.

I. Erster Titul.

De Successionibus ab intestato.

Von Erbfällen ohne Testament.

I.

DEmnach solche Erbfälle ab intestato zu zeiten den absteigenden als Kindern / zu zeiten den vffsteigenden als Eltern / zu zeiten auch denjenigen / so von der Seiten herkommen / allein / vnd zu zeiten den vffsteigenden vnd denen zur Seiten sämptlich zugestellt werden / so wöllen vnd ordnen wir / daß in denselben Erbfällen das gemeyn Keyserlich Recht gehalten soll werden.

II.

II.

Vnd erklären das insonderheit / daß gebrüder · vnd geschwister · kinder / mit Brüdern vnd Schwestern / in des abgestorbenen Bruders oder Schwester Erbe / gleich erben sollen. Doch so derselben gebrüder · oder schwester · kinder eins oder mehr were / sollen sie weiter nicht erben / dann so viel jhr Vatter oder Mutter geerbet möchten haben / wo die noch im Leben weren.

III.

Were es aber / daß ein Bruder oder Schwester ab intestato abginge / vnd kein Bruder oder Schwester / sondern allein gebrüdere · oder geschwister · kinder / in vngleicher zahl / nach jhm im Leben lassen würde / so sollen dieselben Gebrüder · oder Geschwisterte · kinder / zu desselbigen nachgelassenen Gütern vnd Erbe zu gleicher Theylung in capita, vnd nicht in stirpes, geben / damit wöllen wir doch nicht abgeschnitten haben / das Recht den Dichtern in absteigender Linien gegeben / die da in stirpes, vnd nicht in capita kommen.

II.

Der ander Titul.

De bonis cedendis uno, ex conjugibus præmoriente.

Von denen Gütern / welche den Eheleuten, so eins vor dem andern mit Todt abgehet / zufallen sollen.

I.

SIntemahl solcher Güter halben bißher ein Irrthumb gewesen ist / so eins vnter Eheleuten abgangen /

gangen / ob alsdann nicht allein die ligende Güter deß letztlebenden / ihren gelassenen Kindern einhändig worden / und anerstorben gewesen seyn sollen / also / daß das letztlebende von seinen Gütern nichts macht gehabt zu verschaffen / oder zu disponiren solt haben / so ordnen setzen und wöllen wir / daß in solchen Fällen allein deß vorigen verstorbenen nachgelassene ligende Güter und das / so für ligende Güter geacht soll werden / den Kindern der Eigenthumb gäntzlich vffersterben soll seyn / doch dem letztlebenden seinen usum fructum und Leibzucht daran vorbehalten.

II.

Aber die liegende Güter und dasjenige so für ligende Güter geachtet wirt / dieß letztlebenden sollen den Kindern nicht vffersterben seyn / sondern das letztlebende macht haben zu disponiren und zu verschaffen / nach seinem willen und vermög der Rechte.

III.

Wo gleich das letztlebende zur zweyten Ehe greiffen würde / soll es macht haben solche seine Güter zur zweyten Ehe zu verschreiben / und sollen alle gewohnheiten bißher darwider gebraucht / abseyn / die wir auch auß unserm ordentlichen gewalt hiemit abthun und vffheben.

III.

Der dritte Titul.

De Succeßione conjugum in bonis simul apportatis, sive ex succeßione delatis.

Von Erbschafften Manns vnd Weibs in denen Gütern, so sie züsammen bringen / oder jhnen vfferstorben auß Testament oder ohne Testament.

I.

ALß dann in vorgehenden Tituln meldung geschehen ist von den vnbeweglichen vnd beweglichen Gütern / damit nun nicht in zweiffel stehe / was für bewegliche vnd vnbewegliche Güter geacht vnd gehalten sollen werden / ordnen / setzen vnd wöllen wir / daß fort mehr in vnser Statt Wetzflar vnd in vnserm Gerichtszwang / alle ligende Güter / die seyen gründlich oder zu einem widerkauff verkaufft / zu Erbe oder zu Landsiddeleui Rechten bestanden / auch alle ewige Zinß vnd Renntem / auch wiederkauffs Gulten vnd Pfandtschafften für ligend Gut geachtet werden sollen.

II.

Dieweil aber auch Kauffleut / Hantirer / Krämer vnd andere dergleichen Händeler / der mehrer theyl jhre Nahrung in fahrender Haab zu kauffen vnd zu verkauffen haben / deßhalb den Kindern bißher / durch abgang Vatter vnd Mutter / alldieweil das letztlebend solche Güter als fahrende Haab hinweg gezogen / mercklicher nachtheyl zugestanden ist / so ordnen vnd wöllen wir / daß hinfort solche Güter vnd Gelt zum Kauffhandel verordnet / für ligend Gut geachtet vnd gehalten soll werden.

III.

Was aber hieoben nicht insonderheit für ligend Gut eingezogen oder beschrieben ist / als Silbergeschir / Gelt / Kleyder / Kleinot / Werckgezeug vnd anders

der-

dergleichen / damit nicht gehandelt wird / das alles soll für fahrende Haab vnd beweglich Gut gehalten vnd geachtet werden. Demnach setzen vnd ordnen wir / wann vnder Ehelenten eins mit Todt ohne Testament abgeth / daß alsdann das letztlebende alle fahrende Haab zum halben theil von dem verstorbenen darkommen / so Kinder fürhanden seynd / erobern soll / vnd behalten / vnd in desselbigen verstorbenen vnbeweglichen Gütern vnd den Gütern darfür geacht / auch im halben theil der Kinder fahrenden Haab / (vber welches alles ein gebürend glaubwirdig Inventarium vffgerichtet werden soll) allein die Leibzucht vnd usum fructum behalten / vnd der Eigenthumb derselben vnbeweglichen vnd fahrenden Güter / vnd die so darfür geacht seynd / den Kindern alsbald beym ersterben vnd zugefallen seyn.

IV.

So aber keine Kinder fürhanden seind / so soll das letzt im Leben alle fahrende Haab / von dem verstorbenen darkommen / gantz erobern vnd behalten / vnd vff desselben verstorbenen vnbeweglichen Gütern vnd den Gütern darfür geacht / allein usum fructum behalten / vnd der Eigenthumb solcher vnbeweglichen Güter / vnd die darfür geacht seind / den nechsten Erben alsbald zugefallen seyn.

V.

Wo auch eins vnter zweyen Eheleuten etliche ligende Güter oder fahrende Haab in seinem Testament oder sonst verschaffen würde / vnd etliche Güter nach jhm vnverschafft liesse / so soll das letztlebende doch den

Beysitz vnd usum fructum bey denselben vnverschafften ligenden Gütern / vnd die fahrende Haab erobern vnd behalten / wie ob steht / vnd sollen denselben verschafften Gütern nicht zugewachsen seyn.

VI.

Dieweil aber das letztlebend den usum fructum in deß abgangenen Gütern / wie obgeschrieben steth / behelt / so ordnen vnd wöllen wir / daß das letztlebende die Kinder / ob die da weren / vffziehen / auch alle Schuld / so das erst abgegangen schuldig were / bezahlen soll.

VII.

Wo aber das letztlebende den usum fructum der deß erst abgegangenen fahrende Haab sammenhafft nicht sondern ihrer eins annemen wolte oder würde / solches soll daß letztlebende zu thun macht haben / vnd alsdann deß erstgemachten Schuldt pro rato, nach anzahl deß genoß / zu bezahlen schuldig seyn.

VIII.

Es soll auch das letztlebende den Kindern oder andern nechsten Erben solches Eigenthumbs der Güter / Caution, die ein usu fructuarius im Rechten zu thun schuldig ist / thun / so solches an jhnen begert wirdt.

IV.

Der vierdte Titul.

De bonis constante matrimonio quaesitis, & successione eorundem.

Von

Von den Gütern so Mann und Weib in stehender Ehe vberkommen, vnd wie die zu Erb-Rechte fallen sollen.

Zum ersten.

WO Mann vnd Weib in der Ehe ligende Güter/ oder die Güter so für ligend Gut geachtet werden/ sampt/ oder jhrer eins insonderheit/ auß einem titulo lucrativo oder oneroso, das ist/ durch einen gewinnenden oder beschwerenden Titul / auß aller Handthierung/ wie die Namen haben / das Gelt sey jhrer eins / oder jhrer beyder/ vberkommen/ setzen vnd ordnen wir / daß solches beyder Eheleuten gemeyn seyn soll.

II.

Item / so dann eins vnter Eheleuten mit todt abgehet / sollen solche Güter dermassen / wie jetzo erlautet / erobert/ wo Kinder im leben weren / der Eigenthumb halb vff die Kinder/ vnd der Eigenthumb deß andern halben theyls vff das letztlebend fallen / vnd ersterben / doch dem letztlebenden usum fructum an der Kinder theyl fürbehalten.

III.

Wo aber in diesem jetzt berürten Fall keine Kinder im leben weren / vnd das erst absterbende solchen seinen halben theyl in zeit seines Lebens nicht verschafft hette / so soll solch erobert Gut dem letztlebenden gantz bleiben.

IV.

So aber zwey Eheleut in gleichmässigem Fall fahrende Haab bey einander erobern würden/ vnd das erst sterbende den halben theyl bey seinen lebtagen nicht verschafft hette / so soll solch fahrende Haab dem letztlebenden so fern vnd keine kinder im leben weren/ gäntzlichen zu stehen vnd bleiben.

V.

Wo aber Kinder im leben weren/ soll solch fahrende Haab zum halben theyl vff dieselben Kinder fallen vnd ersterben/ doch dem letztlebenden usumfructum an der Kinder theyl fürbehalten.

VI.

Wiewol wir nun hievor geordnet vnd gesetzet haben/ was zwey Eheleut miteinander vberkommen/ daß solches gemeyn seyn soll/ wöllen wir doch davon außgenommen haben / wie folget:

Zum ersten: Wo einem Mann oder einem Weib ein Erbfall aus einem Testament anfallen oder vffersterben würde/ wöllen wir daß solcher Erbfall nicht gemeyn sey/ sondern allein demjenigen dem solcher Erbfall anerstorben vnd zugestellt ist/ zustehen vnd bleiben soll.

Zum andern: Wo eins vnter Eheleuten sein ligend Gut/ oder das/ so für ligend Gut geachtet wird/ verkauffen oder vereussern/ vnd dasselb Gelt widerumb an ligend Gut/ oder an solches/ so für ligend Gut geachtet wirdt anlegen würde/ so soll doch solch Gut nicht gemeyn seyn.

Zum dritten: Wo aber solch Gelt nicht widerumb angelegt/ vnd doch dermassen wiederumb anzulegen geordnet vnd destinirt were/ so lang dann solche Destination vnd Ordnung weret/ soll solch Gelt auch nicht gemeyn geachtet werden/ sondern deß/ daher es kommen vnd geacht ist/ seyn vnd bleiben.

Zum

Zum vierdten: So Mann und Weib ihrer eins allein Handthierung oder Kauffhandel treiben / vnd aus demselben Handel etwas gewinnen oder erobern würden / solches soll auch nicht gemeyn sondern allein des Handthierers seyn. Es were dann daß die Handwercks-Leute die zu jhrer Nottnrfft kauffen / in jhren vnd zu jhrem Handwerck zu gebrauchen / das alles soll gemeyn seyn. Hette aber ein Mann oder die Fraw darneben dem Handwerck ein Handel / das soll / wie obsteht / nicht gemeyn seyn.

Doch hiermit fürbehalten beyden Eheleuten daß sie macht haben / solche gewinn aus dem Handel gemeyn zu machen / durch Verschreibung / Instrument / oder glaubliche Schrifft / vnd wann solche Verschreibung zum Rechten gnugsam vffgericht ist / sollen solche erwonnene güter gemeyn seyn.

V.

Der fünffte Titul.

De debitis ante matrimonium, vel eo constante contractis per superstitem solvendis.

Von Schulden, so vor oder in wehrender Ehe gemacht, wie dieselben zu bezahlen.

I.

WAnn sich auch zu zeiten zutregt / daß eins vor vnd ehe es zu der heiligen Ehe greifft / Schulden macht / zu zeiten zwey in der Ehe Schulden mit einander machen / auch zu zeiten in der Ehe jhrer eines Schuld hinter

ter dem andern macht / vnd nach eins oder deß anders vnter den Eheleuten tödtlichen abgang/im zweiffel/ ob das letztlebend die zu bezahlen schuldig sey/ ordnen/ setzen vnd wöllen wir / daß in denen fällen / darinn das letztlebende usum fructum der ligenden Güter hat/vnd die fahrende Haab gantz erobert/ daß es auch alle Schuld vor vnd in der Ehe/wie die gemacht ist / gantz bezahlen soll.

II.

Wo aber das letztlebende usum fructum der ligenden Güter / vnd die fahrende Haab nicht annemen/ sondern sich derselbigen entschlagen wölte / so soll derselb zu bezalen nicht schuldig seyn/ dann so viel vnd die obligation ihn betreffen würde.

III.

So aber zwey Eheleute vermischte Güter haben/ vnd das letztlebend seine Güter von dem erstverstorbenen absondern oder abtheylen wolte / so soll es vor Rath oder Gericht kommen/ vnd daselbst protestiren/ daß es deß verstorbenen Güter nicht annemen wölle / mit bitt vnd begehr / seine Güter von deß erstverstorbenen Gütern abzutheylen zu gestatten / das ihme alsdann vergünnt vnd gestattet soll werden / vnd soll solches statt haben vnter Eheleuten die nicht Handel oder Kauffmannschafft treiben.

IV.

Dieweil aber in Kauffhändeln vnd Kramereyen/ so zwey Eheleut einen gemeynen Handel haben/ schwerlich ist / solche absonderung vnd abtheylung der Güter zu thun/ so wöllen wir in dem fall / so sie beyde handeln/

deln/ oder so die Haußfrau im offenen Kram sitzt/ kaufft und verkaufft/ Gelt einnimpt/ oder Register bey ihr helt/ oder dergleichen Handel übt/ daß ihrer jeglichs in solidum, Das ist/ für volle die Schuld/ so auß dem Handel erwachsen ist/ zu bezahlen schuldig seyn/ und darinn kein absonderung geschehen soll/ es sey dann zuvor alle Schuld bezahlt und vergnüget/ sonst soll ihrer keins ledig seyn/ es wolte sich dann gebrauchen der Freyheit/ genannt cessionis bonorum, nach innhalt der Rechten.

V.

Nachdem nun Kauffleut oder Krämer in stendiger Ehe/ wie obgemelt/ ihre Handthierung treiben/ damit dann diejenigen/ so mit ihnen handeln/ nicht in unbillichen Schaden/ oder deß ihren in Verlust geführet werden/ so wollen wir/ daß das Weib in seinen zugebrachten Gütern ihre Zugifft/ das ist Dotem betreffend/ keinen Vorzug haben/ oder gebrauchen/ sondern gleich andern Gütern verhafft und in Bezahlung gegeben werden sollen.

VI.

Wo aber einiger Mann durch sich selbst/ oder seine Diener/ ohne sein ehelich Weib handelte/ wöllen wir/ daß alsdann das Weib/ noch deß Weibs Güter/ es sey Dos oder paraphernalia, für deß Manns Schuld nicht sollen verhafft seyn/ doch daß alsbald das Weib ihre Güter in dem fall von deß Manns Gütern/ wie vorlaut/ absondern lassen solle.

VII.

Wo aber in Kauffhändeln oder Krämereyen/ im

dem Fall / da der Mann allein handelt / Mann vnd Weib Betrug suchen vnd brauchen wolten / also daß das Weib des Manns Güter / als ob jhr die gegeben oder verschrieben / in was Titel das were / verthedigen wolte / wöllen wir / daß solches alles vnkräfftig / vnd als zu Betrug der gläubiger revocirt vnd widerruffen soll werden.

VI.

Der sechste Titul.

De emptione & venditione per conjuges celebrata.

Von den Gütern / so Mann und Weib kauffen oder verkauffen.

I.

ANgesehen wir dann hiebevor gesetzt haben / daß etliche Güter gemeyn / vnd eins theyls nicht gemeyn seyen / so wöllen wir / wo eins vnter Eheleuten Gut allein kaufft / das auß vnser Ordnung / wie vorsteht / gemeyn wirt / daß auch die wehrschafft beyden Eheleuten geschehen soll.

II.

So aber solch Gut auß vnser Ordnung / wie vorlant / nicht gemeyn / sondern dem Käuffer allein erobert wirdt / vnd zustehet / so mag auch demselben die wehrschafft solches Guths allein geschehen.

III.

Wo auch Mann oder Weib gemeyne Güter verkauffen oder verеusſern wöllen / soll solches mit ihrer beyder willen geschehen.

IV. Wo

IV.

Wo aber Mann oder Weib jhrer eins sein Gut verkauffen oder vereussern wölte / soll es zu thun macht haben / es were dann daß das ander darwidder redlich vrsach hette / daß es nicht geschehen soll.

VII.

Der siebende Titul.

De liberis ex diversis matrimoniis procreatis, qualiter succedere debeant.

Von den Kindern auß zweyen oder mehr Ehen geborn / wie die in jhrer Eltern Gütern succediren vnd erben sollen.

I.

ALs auch etwan der Brauch gewesen / daß so vnter Eheleuten eins zuerst mit todt abgangen / vnd Kinder nach jhme verlassen / vnd dann darnach das letztlebende sich widerumb in die zweyte Ehe verändert / vnd in derselben zweyten Ehe auch Kinder vberkommen hat / vnd aber die ersten Kinder / nach abgang Vatters oder Mutter / alle ligende Güter hinweg genommen / dardurch zu zeiten kommen / daß den letzten Kindern von jhrem Vatter oder Mutter nichts worden, oder ererbt haben / so ordnen vnd wöllen wir / daß wo vnter Eheleuten der Mann zu erst mit todt abgehen / vnd Kinder nach jhm im leben verlassen würde / daß alle vnd igliche ligende Güter / vnd die darfür geachtet werden / von jhme darkommen /

wie hievor vnderschiedlich geschrieben steht / fallen sollen.

II.

Vnd so sich dann dieselbe Mutter zur zweyten Ehe verandern / vnd mit demselben zweyten Mann auch Kinder gewinnen würde / so sollen dieselben Kinder jhres Vatters ligende Güter / vnd darfür geacht / vnd die helfft der fahrenden Haab jhnen vormals zugetheylt / allein erben / vnd die Mütterlichen Güter / dieweil dieselbe Fraw ein Mutter ist der ersten vnd letzten Kinder / soll vnder beyderley Kinder gleichlichen getheylt werden / nach Ordnung gemeyner Rechten / deßgleichen soll es auch gehalten werden in deß Manns Gütern / so das Weib zuerst abgeht / vnd der Mann sich wider umb in die zweyte Ehe verandern würde / wie oblautet.

III.

Es soll auch solchs gleichmässig gehalten werden / ob eins forner zur dritten Ehe oder weiter greiffen vnd sich verandern würde.

IV.

Was aber für Güter der ersten oder der andern Ehe verstanden sollen werden / mag man auß vndersch[illegible] hievor geschriebener Satzung vnd Ordnung abnemmen vnd erkennen / dann was Güter zwey Eheleut in der ersten Ehe zusammen bringen / vnd darinn erobern / sollen für Güter der ersten Ehe geachtet werden / vnd die Güter in die zweyte Ehe bracht / vnd darinne erobert / sollen für Güter der zweyten Ehe geachtet werden / doch mit dem Erbfall gehalten werden / wie obgemelt.

V. So

V.

So auch in obgemelten fällen das letztlebende/ so sich in die zweyte oder dritte Ehe oder weiter verändert hette/ mit todt abgehen würde/ so soll der Stieffvatter oder Stieffmutter der ersten Kinder/ so viel denselben Kindern aus ihrem Vätterlichen oder Mütterlichen Erbfall gebürt/ von stund folgen lassen/ und in dem andern theyl/ so seinen Kindern gebürt/ usum fructum behalten.

Dessen in Urkunt/ so haben wir/ der Rath obgenennt/ gemeyner unserer Stadt Secret Insigel uffs Spatium hierunten wissentlich trucken lassen. Geschehen Montags/ uff Jacobi Apostoli im Jahr nach Christi Unsers lieben Herrn und Erlösers geburt/ tausendt/ sechshundert und acht.

III.

Consuetudo Successionis circa Butisbacum.

Ernueste Hochgelarte Ehrngeachte Vornemme Fürstl. Heßischen Herrn Rathe Hochgeehrende Großgünstige Herrn.

Uf empfangenen Fürstlichen Cantzley Bevelch denn Heinrich verlasene fahrende Haab belangend/ darumen sich zwischen seinen hinderlasenen Erben differentien erregen thun/ und seine als das letzt-lebende Erben/ dieselbig gantz und völlig zu sich zu ziehen vorhabens seyn und uf den landbrauch des amptes Butzbach ziehen thun.

Ist vnnser vndertheniger bericht waß den landbrauch in fellen/ da Erster oder Zweiter Ehe kinder vorhanden sein / in abtheilung der fahrenden Haabe betrifft / daß es also bißher im ampt Butzbach allermasen sie Ihren Vernommen bericht in Fürstl. Cantzley einzuliefern mit abtheilung der fahrenden Haab gehalten worden vnd noch gehalten werde.

Ob es aber in den fallen/ da keine kind vorhanden gewesen oder wehren / mit der fahrenden Haab observirt vnd gehalten werden sey. Dieweil sie sich dergleichen fallenn/ im Ampt Butzbach nicht zu erinnern wissenn / oder wie die Partheien deswegen verglichen wordenn. Auch bey dem Gericht desfals nicht gesucht worden. Als können sie hier von keinen bericht einzuschickenn / sondern werden dieJenigen so darumb wissenschafft haben/notturfftigen bericht beyzubringen haben.

Haben E. E. Hoch E. gst. Wir vf empfangenen befelch mit beschlüng Göttlicher Almacht nicht verhalten sollen. Datum Ostheim den 7. May in Anno 1614.

E. E. H. E. G.

vnderdienst bereitwillige gehorsamme
Samtliche Gerichtsschöffen zu
Hoheinweisel vnd Ostheim.

An die Fürstl. Hessische Räthe
zu Butzbach.

Vnnder Andern den beyden Gerichtes Buchern Hohenweisel vnd Ostheim belangende Posten wirdt gefunden dieser 3te Puncte Jm beiden gerichts, buchern de Ao. 40.

Wo ein ausländischer der nicht in diesen Gerichteszwang seßhafftig am Rechten zu Hohenweisel/ vf schult oder gueter klagt/ dieselbigen gueter schetzen vnd von einem jeden gulten dem schultheissen ein Pf. zu klaggelt gebenn.

Johann Stecher Gerichtesschr.

Bericht welcher masen nach absterben eines Ehegatten von dem andern der verlasenen fahrenden Haabe halber Jm Ampt Butzbach gehalten worden bißher wann eins vor dem andern ohne Leibes Erben abgehet

Dieß ist der Landbrauch in solchem fall wie herbracht vnd nicht wiederfahren worden.

1. Vor vngefehr vier vnd treisig Jahren ist mit Tod abgangen seiner verlassenen Haußfrauen/ Johann Scheppeler zu Hohenweisel/ vnd hat die Witibe als das letzleben die fahrnüße Haab ohne alle einred der andern erben vor sich allein behalten.

2. Als Johann Dieln des eltern Haußfrau Anl-Elßgen/ vngefehrlich vor etlich vnd dreysig Jahren verfahren/ hat Johann Diell der letztlebend die fahrende Haab vor sich ohne eintrag vnd anforderung anderer Erben eigenthumblich vnd selbstenn allein behalten.

3. Nach

3. Nach absterben Hanuß Mohrn zu Ostheim gewesener Haußfraue sel. hat Hannß Mohr ebenmässig die fahrende Haab ohne einredt zu sich genommen und behalten.

4) Conradt Jung zu Ostheim als er seiner Haußfrauen Margrethe verstorben / hat sie die verlasene fahrende Haab ohne einspere vor sich behalten. Ist vor ungefehr 7. Jahren geschehen.

5. Zu Fauerbach Peter Haigers erbenn nach seinem Peters Haigers des Vatters todt / haben seine itzige verlasene Kinder die fahrende Haabe die er von seiner ersten Haußfrau rechtmessig bekommen / zu sich eigenthumlich ohne einspruch und forderung genommen Vermög des Landtbrauchs.

6. Hannß Haigers erste Haußfrau Anna ist zu Fauerbach verstorben ohne Leibes Erben / hat er Hannß der letztlebende die fahrende Haab zu sich genommen ohne einred und Widersprach.

Actum den 4ten May Anno 1614.

Johann Stecher
Gerichtsschreiber.

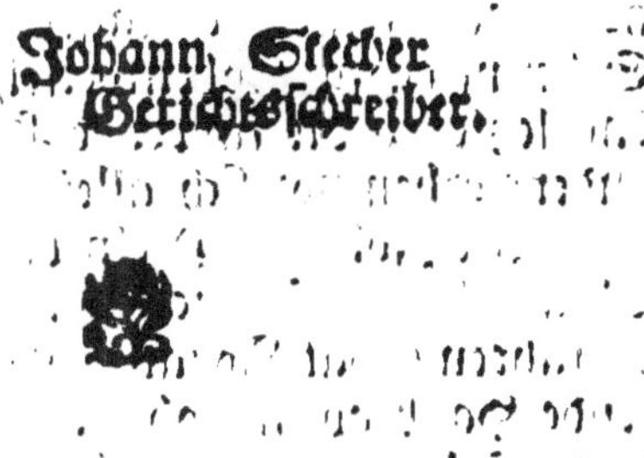

IV.

Landbrauch im Grund Breidenbach und Gericht Lixfeld.

1.

DJe Schöffen des Gerichts Lixfeld thun auf den Landbrauch erkennen / und sprechen / das es herkommens seyn bey ihren Vorfahren / und also gehalten worden / habens auch also gefunden / daß wann ein ausländischer Mann / der kein zehent Mann seye / einen zehent Mann anspreche / und der zehent Mann einen Bürgen begehrt / von dem Ausländischen / daß er demselben dem Gericht / und dem Herrn zu setzen schuldig / verweigere aber der Ausländische daßelbe / und könte keinen Bürgen setzen / so stelte ihm der Richter oder Schultheis kein Recht an. Publ. Oberhörle den 28. Jan. 1585.

2. Die Schöffen thun auff das alte herkommen erkennen / wenn einer einem Vogt will Güther vertreiblich machen wolle / zum ersten derjenige / der das Landrecht anlegt / der soll die Güter der Gegen-Parthie vierzehn Tage und drey Tage vor St. Peterstag ihme lassen verbiethen durch einen Breidenbachischen Schultheißen / fortan uff St. Peterstag drey

Heller

Heller demjenigen bringen/ und auff einen dreybeinigten Stuhl legen/ könte aber der keinen Stuhl bekommen/ soll ers uff die Schwell legen/ fortan nach S. Peterstag Silber und Gold weißen inwendig 14. Tagen/ als im beyseyn 2. Breidenb. Mann sagen/ habe er etwas darauff oder darinnen/ das wolle er ihm verlegen. Publ. den 29. Febr. 1588.

Land-oder Grunds-Brauch.

In Appellations-Sachen berichten die Schöffen/ daß ein recht gethane Appellation innerhalb 10. Tagen bey den Appellations-Richtern gesuchet/ in 14. Tagen die Acten außzulößen/ in 4. Wochen dem Gegentheil die Appellations-Klage zuschicken/ und letztens innerhalb 6. Wochen und 3. Tagen die Acten unter dem Gerichts-Insiegel den Appellations-Richtern insinuirt werden sollen. Publ. Obernhörle den 17. Febr. 1607.

Nota. Die Appellation gehet Krafft des in anno 1691. ertheilten hochfürstl. neuen Recess von denen Sambts-Untergerichten an die Fürstl. Beambten zu Blanckenstein und den Herrn von Breydenbach als Mitgerichtsherrn.

Landbrauch sich vom Gerichte zu erledigen.

Die Schöffen erkennen zu Recht/ wofern eine Parthie vor Gericht einen ruffen/ und eine Klage auff ihn setzen lässet/ und darnach mit der Klage 3. gerichte still stehet/ und ruhen lässet/ hat das Gegentheil sich Macht abzulößen/ und wann er dem Richter alsdann 3. Heller gibt/ löst er sich deren Klage vom Rechten

Rechten ab/ und welches dann mit dem andern etwas zu schaffen/ mag ihn auff ein neues rechtlich vornehmen. Publ. den 1. Febr. 1592.

Land oder Grunds-Brauch.

Georg Haußmann zu Gönnern begehret sich zu belernen laßen/ was in dießem Gericht landbräuchig seye/ mit den Häußern wie die gehalten/ ob solche vor Erbe oder Fahrnüs gehalten werden/ berichten also/ was die Fackel oder Brand hinweg nehme/ daß solches vor Fahrnüs gehalten und erkant werde von rechtswegen. Publ. den letzten Febr. 1627.

Landbrauch über die Frevel/ so auf den Gütern geschehen.

Auff Anbringen etzlicher Parthien und Anstellung der Gerichtsherrn den Landbrauch zu eröffnen/ wie es an diesen Rechten mit denen begangenen Freveln gehalten/ haben die Schöffen heut dato zu Willfahrung derselbigen/ und sonderlich die ältesten hierum den einhelligen Bescheid gegeben/ daß was über Achtren/ über säen/ über nehmen/ über hauen/ und sonsten freventliche Sachen vorgelauffen/ es seye geschehen auff eigen Guth/ (doch wofern es den Boden/ daß einer den andern deßen vertreiblichen machen wolt/ nicht anlangt) oder uff Breydenbachischen Guth/ seye an diesem Rechten unserm gnädigsten Fürsten und Herrn und denen Mitgerichts Junckern zu verbüßen anbracht und verhandelt worden. Publicatum den 18. Octob. 1597.

Land oder Grundsbrauch.

Jost Rau von Simmersbach begehret sich belehren zu laßen/ von diesem Gericht/ was landbräuchig in diesem Gericht seye/ und wie es mit den hinterfälligen Gütern gehalten werde/ berichten und erklären die Schöffen allhier darauff/ wann eigene Güther so dienstbar sind/ durch absterben auf frembde Erben fallen/ dafern dann die rechten Erben solche Güther können bestehen/ und mit Geld ablegen/ daß billig die nächsten Erben solcher hinterfälligen Güther der nechste seye/ damit die Güther und dienste nicht möchten zerrißen werden/ sondern beyeinander verbleiben.

Landbrauch vom Lehenzehnten.

Nota. Berichten die Schöffen darauf/ daß landbräuchig seye/ da einer oder der andere denselben willens ist zu lehnen/ daß billig derjenige soll zuforderist mit dem lehen Herrn um den Kern handeln/ und da er solchen mit den Kern gelehnt/ daß derselbe billig/ wer an selben viel gibt/ auch des geströhes soll am nechsten seyn. Publ. den 2. Octobr. 1620.

Landbrauch wegen Uberfall.

Die Schöffen dieses Gerichts berichten auf Anhalten etlicher Partheyen/ daß landbräuchig seye/ da einer oder der andere Bäume/ an den nächsten angrenzenden benachbarten würde berühren/ und den gegentheil von deren abfallenden Früchten auff das seinige fallen/ daß das fallende Abgefäll solcher Früchte die

helffte

helffte dem Innhaber / welchem der boden ist / muß geben. Publ. den 1. Nov. 1631.

Landbrauch über Beschwerung in gemeinen Sachen.

Anheute ist vom Schöffenstuhl eröffnet worden / was alt herkommens in der Beschwerung in gemeinen unter einem jeden Mann seye / wird darauf berichtet / daß ein jeder / der eine Haußhaltung und ein eigen Rauch habe / auch die Einwärts-Bräuche mit geniesse / daß derselbige schuldig die Beschwerungen / so uff die Häusser und Gemeine gesetzt werden / einer wie der andere mit tragen muß / was aber sonsten ein jeder weiter an Vieh und Güther oder anderm mehr / daß daßelbe ein jeder nach Gebühr in seinem Werth verstehen muß. Publ. den 28. Febr. 1632.

Landbrauch wegen der Leibzucht.

Die Schöffen des Gerichts berichten / daß allhier landbräuchig seye / wann zwey Eheleuthe von einander sonder Leibes-Erben versterben / daß das letztlebende auff des verstorbenen Güther die Leibzucht zu geniessen habe / die zeit seines Lebens / nach dessen todt fallen solche wieder auf die nechste Erben. Publ. den 12. Jun. 1638.

Landbrauch was für Güter vor Erbe oder Fahrnüs gehalten werden.

Uff anhalten den Landbrauch zu eröffnen / was üblich und bräuchlich in der Pfandschafft oder Erbgüthern seye / berichten die Schöffen / daß alle Pfandgüther vor fahrende Güter gehalten werden nach altem herkommen. Publ. den 26. Nov. 1639.

Landbrauch wann Bau auf dem Erbe stehen / wie es damit gehalten.

Auf Befehl des Herrn Rentmeisters zu Blanckenstein ist den 5. Sept. 1653. der gantze Schöffenstuhl des Gerichts bey einander gewesen / den Landbrauch zu eröfnen / wie es im Grund Breidenbach bräuchlich seye / wann ein Bau auff dem Erbe stehet / ob der Bau den Boden / oder ob der Boden den Bau verlegt / wird darauf von den sämbtlichen Schöffen berichtet / weilen im Grund Breydenbach anhängige Güther / und nicht vererbtheilet / wann dann einer auff eine solche Erbstatt bauet / mit Vorwissen und Bewilligung der sämbtlichen Erben / so verlegt dann der Bau die Stadt / doch also / daß der Einwohner muß dafür geben aus solchem Guth / darinn die Stadt gehörig / nit am besten auch nit am bösten / und dann zwey Schuh vor einen / was sonsten der Poste belangt / ob das Erbe die Fahrnüs oder die Fahrnüs das Erbe verlegt / wird berichtet wann keine willkührliche Bewilligung davon seye / wie zuvor gesetzet / so lassen wir es bey den gemeinen Rechten.

E N D E.

www.ingramcontent.com/pod-product-compliance
Lightning Source LLC
Chambersburg PA
CBHW021631270326
41931CB00008B/971
* 9 7 8 3 7 4 3 3 7 3 9 0 7 *